LA NOSTALGIE
DES DIEUX

© 2022 Alice Machado — La toile du temps

Édition : BoD – Books on Demand, info@bod.fr
Impression : BoD – Books on Demand, In de Tarpen 42, Norderstedt (Allemagne)
Impression à la demande

ISBN : 978-2-3224-2566-2

Dépôt légal : mai 2022

Alice Machado

LA NOSTALGIE DES DIEUX

suivi de

Quelques mots de Kiev...

⌈La toile du temps⌋

Pour contacter l'auteur
alice@alicemachado.com
www.alicemachado.com

Illustration de couverture
Marguerite Gérard,
L'élève intéressante

Conception graphique
Gilles Arira
www.gilarira.com

© 2022 Alice Machado — La toile du temps, Paris

ISBN : 9782322425662

« Apprendre la durée exacte du temps. Savoir comment le temps, parfois, se précipite puis sa lente retombée inutile et qu'il faut néanmoins endurer, c'est aussi ça, sans doute, apprendre l'intelligence. »

Marguerite Duras

Les aurores boréales

Minuit vient de sonner
aux quadrants de l'univers.
Le ciel est profond,
les étoiles dansent la sarabande
sous la musique de Händel,
semblables à une quête en devenir.

Je reste là, je t'attends,
comme à l'intérieur du livre des heures,
en plein désert aride, seulement habitée
par la mélancolie des dieux.
Et je crie :
« Solitude, ma patrie, ma sœur, mon amour ! »

Pourquoi suis-je encore dans ce lieu incertain,
vide de toute vie perceptible ?
Pourquoi t'ai-je suivi dans mon songe ?
Je suis pourtant sûre que tu m'as appelée.

Tu as crié si fort mon prénom
que je t'ai entendu, et comme aimantée
j'ai couru vers toi.

Où donc es-tu ?
Dans la profondeur de la nuit
glacée, comme un soleil mourant
avant même l'aurore ?...

Soudain, dans le lointain,
j'aperçois une ombre
comme tissée dans l'irréel.
Il me semble reconnaître
le bruit de tes pas et ressentir ton souffle,
qui vient réchauffer l'étendue de l'hiver.

Oui, c'est bien toi qui m'avais appelé
dans mon rêve.
Je te reconnais si bien.
Je descends de toi...

Tu portes dans tes mains pures
toutes les aurores boréales,

même celles que nous que n'avons pas pu
vivre ensemble, celles que nous avons recréées
tant de fois avant ton départ dans notre île,
aux lilas et aux citrons dorés,
loin d'ici, égarés dans un autre désert,
plus doux, encore plus mystérieux.

Maintenant tu es là.
Tu me tends avec une tendresse infinie
toutes les aurores boréales
qui peuplaient notre esprit.
Tu m'es revenu, revêtu de lumière,
ravivant le soleil, la lune orangée
et même les étoiles.

Tu transcendes la nuit, tu tranquillises
les profondeurs de la mer,
et je me retrouve en toi,
entière comme autrefois,
et plus jamais de solitude, plus jamais la peur,
plus jamais froid dans les déserts dépeuplés
de lilas.

Nous resterons là,
enlacés dans un idéal sublimé,
sur notre ile aux citronniers or lilas.
Et au-dessous de nous viendront danser
toutes les aurores boréales,
celles qui allumeront le ciel,
à l'heure du crépuscule,
l'instant magique, cette heure bleue
qui fascine les paysages enneigés,
dans l'extase de les voir s'auréoler,
se draper d'une toile bleu métallique,
rose orangé ou encore lilas doré,
semblable à l'aurore sacrée et sempiternelle
de notre immortalité...

Encerclée dans un Temps à l'envers

C'était il y a des jours,
des siècles ou bien une éternité.
Ma mémoire, je crois, a naufragé,
portée par les vents d'antan,
happée par les parfums ardents
de Colombo, ce voyageur infatigable,
dans les visions d'un songe,
à l'apogée de ses découvertes,
la tête couronnée d'or fin,
majestueuse, victorieuse,
dans les temples sacrés,
noyée dans la fumée d'encens,
le temps d'un songe en Orient.

Dans l'élixir de son île de Ceylan
où nous étions arrivés à l'envers du Temps,
la lune était peinte d'un azur persan,
l'air était chaud et languissant,

couleur ocre vermeil,
un soir d'été embrassant la chair tendre
de l'océan indien...

Le ciel, en transe,
transperçait le front de Colombo,
avec des couronnes tressées de feuilles
de thé vert argentées,
imbibées d'un liquide exquis,
et juste le temps d'une métamorphose
le passé avait ressuscité là,
comblé de joie, en plein cœur de l'Orient,
avec les dieux antiques,
l'exultation de Dionysos,
ou bien encore Bacchus se laissant bercer
par les caravelles et les chants des marins !

Colombo se mit à jouer sur un vieux piano
rouge oublié, inspiré par des mélodies
ancestrales, des notes à contrecourant des
vagues, et dans ma mémoire égarée,
je dansais parmi les marins, hypnotisée,
recouverte de fleurs argentées
et parfumées, ivre de vin et de thé.

On tournait sous les rayons bleu doré,
dans une époque retrouvée,
au sein d'un cercle hermétique,
fissuré seulement par l'usure
des temps à contresens.

Et Colombo jouait, dans ce lieu étrange,
où les astres d'or se mêlaient aux vagues
sculptées dans l'azur.

Il était grisé par ses notes ensorcelantes,
et sous ses doigts le piano revivait,
exaltait la passion des siècles retrouvés,
une coupe de cristal *rouge orangé*
posée sur le clavier, buvant un parfum
initiatique et mystique,
envoûtant comme son île, Ceylan.
L'espace d'un soir, elle avait pu se draper de son
premier, son unique nom, enfin retrouvé.
La folie emplissait le temps d'une singulière
nuit d'été, plongée dans les vagues de l'océan.

Et moi, égarée parmi les mille effluves exquis,
j'ai bu jusqu'à l'aube ce liquide incendié,

rouge ou encore vert orangé,
cette coupe en cristal doré
qui tournait de main en main...

J'étais si bien à Ceylan.

Les marins buvaient,
Colombo jouait sur son piano ardent,
ivre de musique, d'élixir de fleurs,
de cannelle mystique,
des saveurs couleur parfum,
lui ramenant à son ancien Ceylan...

Au sein d'un temps hermétique,
un temps à l'intérieur du Temps,
cette coupe en cristal doré-rubis,
érigée devant le globe de Bacchus,
tournait inlassablement de bouche en bouche
sous le regard incendié d'Éros.

Dans un temps à l'envers,
j'ai bu la coupe rouge-verte,
embrassée l'heure en suspens du non-retour.
J'en ai bu, bu jusqu'à la lie de ma folie,

le temps d'une nuit,
dans l'éruption des sens,
collé contre le corps exalté d'Éros,
dans le creux de notre île endormie.

Puis, dans un temps retrouvé,
nous nous sommes étrangement éveillés,
Bacchus, les marins, Colombo, Éros et moi,
embarqués par cette soirée ivre d'été.

C'était il y a des jours,
des années ou bien une éternité.

Je sais pourtant aujourd'hui
que je suis restée à jamais encerclée,
au sein d'une nuit ardente de Ceylan,
égarée dans une étrange nostalgie,
portée par les vents contraires
et éphémères de l'océan Indien.

L'eau a une histoire que je ne connais pas

L'eau glisse entre mes doigts,
séculaire comme les mots,
si proche de l'écume céleste,
si insondable, si mystérieuse,
pareils aux dieux qui dorment au fond de la mer,
baignés par des songes et les forces d'en haut,
désirant la puissance avec leur don divin,
la couronne d'autrefois,
triomphante.

Assoupis sur les vieux rochers,
l'âme écorchée,
ils gémissent souvent,
crient leur déchéance,
cherchant le chemin de l'éternel Parnasse !
Mais le dieu delphique reste muet
sous un ciel étoilé, vide et désertique.

Par la fenêtre grande ouverte,
par-delà les vagues dans l'infini parfait,
un vieux phare s'agite.

Alexandre le grand,
où est passé ton désir d'antan ?

Vois-tu encore briller les statues des dieux,
ceux qui sont restés debout
sur les toits de l'Acropole ?
Regarde !
Les dieux sont en deuil,
mais ils continuent d'allumer le feu
dans le cœur des poètes,
et c'est le rythme de l'eau qui nous invite
au voyage, vers des rivages bleutés,
pour nous les présenter.

L'eau a une histoire que je ne connais pas...

Dans le silence si particulier de Cala Mayor

Cela pourrait ressembler à de la poésie,
mais ce n'est pas de la poésie...
C'est juste un vide terrible,
insoutenable, que je porte en moi,
entre les niveaux de la Vie,
entre deux Paliers, entre deux Souffles,
entre deux Temps...
Et tout cela pourquoi faire ?...

Exténuée par ce dur labeur d'exister,
je repose enfin ma tête contre la pierre séculaire
et vive de mon ancêtre.
Elle est froide à l'extérieur,
brûlante de l'intérieur.
Et là, comme dans un songe,
dans ce silence si particulier de Cala Mayor...
J'attends...

Je sais que je vais de nouveau ressentir
les vibrations de la voix de mon grand-père,
son ton unique, ses mains encore imbibés
de peintures multicolores.

Et même si tout mon corps refuse
de payer la faute de vivre,
je suivrai malgré tout sa route,
tracée entre les montagnes,
adossées à la mer, aux rochers,
à la musique enivrante de Berlioz,
plongée dans le songe d'une nuit de Sabbat,
mêlée aux couleurs ardentes
des pins maritimes vert-azurés.
Je resterai là...

Cala Mayor...
Je sais bien qu'il me reviendra,
entre rêverie et passion,
grisé de couleurs, le regard en transe,
et nous parlerons dans le silence
sous un ciel transpercé par les étoiles de mer,
anticipant déjà la destinée des dieux à venir...

Allons retrouver Salus

Que fais-tu là, assise, en regardant
les roses marines se dessécher lentement ?
Attends-tu l'inspiration ?...
Je t'ai créée, sans pour autant te connaître.

N'es-tu pas mon double,
l'âme sœur de mes visions ?...

Tu inventes les couleurs,
tu fécondes les anges et les fleurs,
rien que pour moi,
pour peupler mon épaisse solitude,
même épuisée.
Donne-moi la main, ma sœur de l'abîme,
retrouvons ce Cercle où nous irons danser
sur une valse de la pluie, qui semble inonder
le piano de Chopin...

Ne reste pas là, si désespérée,
absorbée par la toile du temps,
allons retrouver *Salus,* déesse de la santé,
car tu le sais déjà,
elle seule peut nous sauver
du venin qui coule dans nos doigts,
là où ruisselle en silence l'angoisse de nos Nuits,
et puis aussi surtout la Peur
du dernier Demain...

Viens ! Donne-moi la main !
Salus, nous appelle,
elle nous attend comme Pompée.
Tu vois ?
Elle nous fait signe du haut de son île :
là-bas !

Lève-toi, Homme des souterrains !

Ramène-moi l'ombre des songes
moribonds et brûlants !
Ouvre par pitié ton monde tourmenté
et abyssal, sans oublier que nous sommes
à jamais frères, par le mélange étrange
des sangs.

Oui ! À jamais jumeaux de Caïn...
nous resterons attachés
dans les cercles des limbes,
dans les flux éternels du temps,
comme avant le commencement.

Montez enfin, ténèbres crépusculaires,
prenons nos haches ruisselantes de feu,
et seulement là,

encerclés par ce triangle hermétique,
ôtons le voile où le temps prend son secret,
par Zeus, je te l'ordonne,
redresse-toi :
Homme des souterrains !

Rentrer dans l'Heure Athonite

Je marche en silence sans peur du futur,
ressentant l'âme du Monde
se fondre dans mon esprit.

Depuis très longtemps,
la vie est abyssale sur Terre,
tout devient obscur dans cette existence,
obscur le soleil, obscur le chemin,
sur la route du déclin !

Je ne pense pas à l'exil,
depuis des siècles
je vis retiré du monde en folie,
je connais les déserts, leurs silences,
la poussière des pierres millénaires,
les rivières cristallines en transe,
l'exil avant l'exil !

Au sein des forêts dévastées,
encerclées par des murs érigés puis détruits,
dans une course frénétique...

Aujourd'hui, je peux enfin m'exiler de tout,
je peux choisir ma caverne,
celle qui depuis toujours habite mes songes,
plus d'émotions éphémères,
plus de joies en regardant le soleil à l'horizon,
plus de cris des apeurés
de cette multitude béante,
qui ne sait pas encore
qu'elle respire un air moribond...

Maintenant je marche, seul,
vers ma caverne.

Il m'a appelé,
je comprends mieux les lois de l'univers,
je ressens les battements de mon cœur,
il peut recréer, étudier même dans l'obscurité,
déchiffrer peut-être, la table d'Émeraude...
Je marche depuis des mois
vers ces lieux sacrés,

sans peur de me fracasser,
sans peur de la montée !

Rien ne pourra m'empêcher d'atteindre
avec jouissance la cime du *Mont Athos*,
où ma caverne et mon Ermite m'attendent.

Seul mon guide connaît mes falaises,
mes océans, mon âme écartelée,
Jusqu'à déchiffrer chaque grain de sable
qui colle à la semelle de mes sandales
et de mes pieds ensanglantés.

Je devine l'heure du passage des âmes.
Je connais mon Ermite,
il m'attend, je le sais.
Oui, il a su choisir ma place dans la caverne !
Il m'a enfin délivré de cette lumière
qui explose,
qui m'aveugle.
Il me rend une solitude capable de transcender
n'importe quelle obscurité…

Voilà : je suis devant Lui,
je retiens mon souffle.
L'Ermite apparaît majestueux,
debout, devant la porte de sa caverne,
sur l'imposant *Mont Athos*, la Révélation !!!

De son œil perçant
il pénètre mes émotions,
il décode dans mes songes,
déroule devant moi les parchemins de ma vie,
même avant la « chute ».
Il apaise mon âme, guérit mes blessures,
nettoie chaque ombre passée
et je deviens transparent,
enrobé dans un voile de blancheur…

Il prend ma main, balbutie à peine :
« C'est bien toi que j'attendais, rentrons
à présent dans l'heure athonite ! »

D'un geste perpétuel,
il pousse alors la porte,
une roue épaisse de granit
plongée dans l'Ocre-Émeraude,

qui grince dans le silence du *Mont Athos*, faisant un étrange écho dans le chaos du dehors.

Puis la Caverne fut soudain plongée dans le noir et je me sentis délivré, parcouru d'une extase transcendante.

À la recherche des fleurs d'Artémis

Dans ces temps qui s'agitent,
c'est un bonheur que d'être endormi
sur les flancs blancs des nuages intemporels...
Seuls mes songes traversent
les champs de bataille,
les odeurs de combat...
Je le sens : la mort arrivera,
et je choisis de ne pas la voir
en inventant des souvenirs...

Rien ne subsiste, la mémoire même
devient une métaphore,
j'attends l'éclosion des éléments,
le front posé sur le bord
de ma fenêtre imaginaire,
car je le sais déjà, entre la rose et le sang,
les cendres finiront par bien par arriver...

Mais toi, ma pauvre âme en exil,
ne te réveille pas aujourd'hui,
raconte-moi plutôt la rivière
qui palpitait tendrement
de l'autre côté du monde,
enveloppée par les fleurs sauvages,
tapissée par la mousse verdoyante
d'Artémis, éclairée par les rayons
de sa lune argentée.

Elle seule peut nous ramener le parfum
angélique et aérien de notre enfance,
et nous porter loin, très loin de ces temps
terribles où les fous s'agitent,
entre les ombres et la poussière,
des aliénés recouverts d'une nuit
engendrée à l'infini,
loin de la splendeur du soleil.

Étrangère, dans la cartographie de noms

Je me sens Étrangère,
dispersée dans une cartographie de noms,
privée de sentiments.
Je traverse le désert et l'immobilité du Temps,
là où mes pas me conduisent,
jusqu'aux extrêmes limites de ma mémoire.

En moi des choses se produisent,
mais je n'en connais pas la raison,
il me faut à présent laisser ma déraison
s'évader...

J'écris quoi ?
J'écris quand ?...
J'attends qu'un orage arrive,
que mes songes se réveillent enfin
au milieu de la nuit...

Les mots et la mort se posent
vaguement sur mon épaule,
et je me rappelle alors le passage du temps,
la douceur douce-amère des choses
de l'enfance inachevée.

Le corps étiolé,
je ne discerne plus mon visage,
je ne ressens ni joie,
ni douleur,
je m'élance vers des précipices,
mais mes pieds restent brûlés par le désert,
attachés aux dunes,
attendant la Caravane...

J'entrevois les gravures des pierres du Temple,
où un brahmane me montre alors le chemin,
recouvert par la septième symphonie
de Beethoven,
et là, tel un fantôme errant dans le ciel
sienne azuré, j'attends...,
presque ensevelie par les vagues de sable,
le passage de la mort...

Oui, j'attends le passage de ma mort...,
dans le salut ultime d'une délivrance,
immergée dans une nuée parfumée
par la marche au supplice de l'espérance.

Non !...

Non !...
Je ne suis toujours pas encore résignée
à voir les êtres que j'aime enfouis,
cachés et dévorés sous la terre lourde et froide !

Je refuse de comprendre cette chose infâme,
qui pourtant était déjà annoncée
dès l'aube de nos vies...

Je désire seulement que les roses de l'aurore
s'embrassent tendrement,
à peine éveillées,
se caressent en frémissant,
perlant sur la terre pour la nourrir
avec des larmes pures,
qui soignent et apaisent les vivants.

Je songe à toi Hypnos

Je songe à toi Hypnos,
seul dans ton île de Lemnos.
Ton visage rend mon repos plus paisible
et mes rêves plus magnifiques.
Tu connais le secret,
tu as le pouvoir d'endormir les dieux
aussi bien que les hommes,
car toi seul restes à jamais le gardien de la Nuit,
celui qui est en éveil,
alors que le Monde est endormi…

Oui, je songe à toi Hypnos,
si seul dans ton île lointaine de Lemnos,
tu viens au secours de mon âme entaillée.
Tu viens la bercer, la consoler à nouveau,
boire mes larmes désespérées,
immergées dans la solitude,

dans ces temps d'absence,
de noirceurs et d'incertitudes,
semblable à l'éternel sommeil
sous les pierres angulaires
des sépultures...

Un ciel de Gréco

Au terminus de cette existence,
remplie de souvenirs riches,
denses, beaux, ombrageux,
orageux comme un ciel de Gréco,
égaré dans le sein de *Toledo*,
cherchant siècle après siècle sa Terre Ocre,
l'essence originelle
de sa Crète maternelle...

Je crois apercevoir un visage,
pâle, nébuleux,
comme déjà noyé dans l'éther
d'une aurore polaire...
Autour de moi tout semble insaisissable,
tout flotte.
Je me sens partir comme un nuage mutilé,
dissocié de la Vie, flottant dans l'épaisseur de

l'air du soir, à son apogée...
Une fatigue millénaire
vient m'ôter toute volonté de créer.
Je deviens matière mourante,
dans cette dissociation de la chair
qui a cessée de survivre...
A-t-elle jamais existée
 ?

Tout devient inutile,
même ce temps *blanc mort*,
ce temps passé à chercher ma *Crète*,
à inventer ses couleurs ou recréer l'Histoire,
afin de me convaincre que respirer
transformerait encore le ciel orageux et rouge.

Je rêve simplement de vagues nocturnes,
de bords de mer indigo
et de vieux phares azurés,
où les atomes d'un ancien marin
viendraient se mêler aux fragments
des galets, pour peser de leur poids,
s'engloutir par l'eau salée et le sable,
brûlant nos fronts en sueur qui pourraient

enfin couler ensemble, en fusion,
comme dans le gouffre de Pascal,
redessinant des cercles atomiques
à la surface des vagues immortelles,
creusant des tourbillons multiples,
pour s'évanouir totalement
dans les profondeurs du noir,
l'immensité du chaos,
retrouver l'universel corps du Monde,
juste une seconde à peine avant sa naissance...

Les mimosas étaient en fleur

C'était la mi-novembre, je crois,
les mimosas étaient en fleur,
ou encore dans le sein d'un été...

Ma mémoire flanche, apeurée,
elle me quitte, s'endort, épuisée,
puis elle se souvient, elle vient frapper
le présent de toute sa violence...

Oui, les mimosas étaient en fleur, ce jour-là,
embaumant le sacré de nos noms partagés,
notre amour sans condition.
Tu étais là, tu as toujours été là, à côté de moi,
mais il était maintenant beaucoup trop tard
pour sentir la chaleur de ta main...

Tu étais là,
noyé dans le brouillard et le froid,
et j'embrassais tes yeux d'or et de diamant
même clos dans l'étendue du Temps.

Les mimosas étaient en fleur
à la mi-novembre, je me souviens.
Je voudrais tant te parler encore,
te serrer contre mon corps, même glacé,
me fondre en toi dans le lierre de l'éternité
et puis surtout me réchauffer
dans le souffle de ton immensité..,
et nous rêver sans jamais nous égarer,
dans cette heure du suprême silence.

Les mimosas étaient en fleur,
neige dorée de notre Amour...

C'était à la mi-novembre,
je me souviens.
Tu es parti de l'autre versant du monde
et je deviens, à heure du suprême silence,
fantôme errant, ombre esseulée,
de l'autre côté du temps...

Mais dans notre vallée aux grains d'Or
l'ange de la consolation est là,
il vient se pencher sur ton corps
là où ton esprit veille encore,
puis s'endort et se repose
sur une fleur dorée et délicate de mimosa.

Mon Double, la Solitude

Dans le ventre de cette maison vide,
il y a le silence de la nuit,
lourd, envoutant comme les esprits,
et puis moi, seule avec la Peur...
Le sommeil pèse sur moi
et je me sens tiraillée entre deux vies,
et cela me remplit d'un vertige abyssal
et d'étranges hallucinations !
Je ne sais rien de moi,
je ne sais rien du Monde,
je me sens déjà délaissée,
semblable à une feuille morte,
matière en décomposition...

Quand est-ce que tout ça a commencé ?
Où me suis-je égarée ?

Je sens le crépuscule de l'aube m'englober,
une robe de soie blanche recouvre
mon corps épuisé,
déjà dans un désir d'ailleurs...

Seul mon Double, la Solitude,
a pitié de ce désastre d'exister,
elle vient s'asseoir auprès de mon lit,
avec son sourire mélancolique,
et sa douce Invitation au départ.

Je résiste, elle insiste !
Je finis par lui répondre :

« Attends-moi !
J'arriverai bientôt,
semblable à l'écume
d'une mer désenchantée...,
et nous irons danser
sur un air de Wagner
dans un jardin sacré,
comme ce roi fou
et pourtant si inspiré,
là où les pivoines seront en fleur,
invisibles, près du lac...

Les yeux clos nous monterons
dans les hauts lieux,
loin d'ici,
loin de tout,
légers comme des esprits parfumés,
bien au-delà des nuages,
jusqu'à la naissance
de la première Heure du Jour... »

Le ciel est jaune, les étoiles sont bleues !

Le ciel est bleu et les étoiles sont jaunes,
même dorées !
Je plonge dans le cœur de cette ville
aux couleurs de l'art,
dans l'union des poètes,
l'amitié partagée,
le ravissement d'une fleur aux mille pétales,
parlant toutes les langues,
dans un même langage, universel,
dans Babylone recomposée,
et ma tête s'enlise dans les turbulences
du Temps...

De partout on entend la musique,
l'art qui s'enflamme !
La danse, le théâtre,
les mots qui nourrissent l'esprit...

Des voix qui sont venues jusque-là,
emmenant avec elles le parfum
et les épices des quatre points cardinaux...
Elles veulent manifester leur union,
soutenir un idéal qui semble fragilisé,
crier leur espérance en l'Europe !

Mais que peuvent faire les poètes ?
Que puis-je faire ?...
Un fou criait :
« Le ciel est jaune,
les étoiles sont bleues ! »
Non !
Le ciel est bleu et les étoiles sont jaunes,
même dorées !

J'ai quitté cette ville,
mais jamais cette cause,
le retour, je le sais, aura encore lieu,
dans ce vaisseau fragile et plein d'espérance,
et ce sera pour moi,
l'éternel Retour !...

L'usure du Temps

Fatiguée par le passage des heures,
exténuée par la puissance du jour,
malade de ses clartés,
voulant retrouver les airs du poète errant,
ses désirs de folie sur les dives de Salamine.

Éreintée par cette étrange usure du temps,
ces myriades de flèches empoisonnées
qui nous déchirent et nous embrasent,
comme les bouches voraces
d'un volcan en fusion...

Me voici assise en plein désert,
et pourtant si loin de ce même désert.
Je me souviens des temps
où j'aimais si fort ces filles d'Orient,

souriant et chantant des airs anciens,
sous un ciel si bleu, si pur, si serein,
qu'il semblait ne jamais être délavé,
ni par les nuages
ni même par l'abime des pensées.

Je cherche sans cesse
le chemin secret,
la pierre de Sian,
ocre doré, triangulaire.

Je refuse de subir
cette usure du Temps
qui traverse mon être comme
un roulement de tambours.

Je veux m'asseoir à la table des idoles,
sans peurs, sans remords,
sans nostalgie,
et trouver enfin ce lieu occulte,
la fidélité des sphinx,
afin que l'usure du Temps puisse,
en un seul instant,

disparaître sous le sable qui caresse les cordes
de mes sandales usées,
de mes pieds ensanglantés,
et tellement embrasés...

J'ai bu ton soleil à Délos

Effrayée, j'ai caressé ta beauté sublimée,
embrassée le marbre insomniaque
de l'essence de ton corps parfait et immortel,
là où l'émotion peut se produire,
inondant l'immensité de l'azur,
ce lieu exact où le ciel et la mer s'embrasent,
toujours en quête de ce pays mystique
où puisse jaillir l'amour.

Oui, j'ai aimé ressentir ta peau de marbre,
blanche, comme une peur qui revient
dans ton ile désertée et aride,
immergée dans le centre de la mer Égée.

Rien que pour toi,
rien que pour nous,
une destinée entre le vide et le temps.

Oui, je t'ai parlé par-delà les Mots,
les Arts,
les Passions,
le Désir,
ta Beauté,
ton Intelligence inégalée,
qui peut à chaque instant s'attiser.

Oui, longtemps j'ai savouré le sel humide
sur tes lèvres charnues et sensuelles,
sculptées dans le vertige du Beau.

Tandis que sur ton île,
enveloppée d'azur indigo,
les vagues musicales imbibées de délire
emballaient nos soupirs,
dans une déchirure du temps,
le portant bien plus loin
que l'histoire du Monde,
jusqu'au zénith même des aurores boréales.

C'est vrai, je me suis enivrée en toi,
j'ai avalé ton élixir divin et exaltant,
et à jamais je resterai là,

parmi les ombres de ton sanctuaire sacré,
là où personne ne pourra naître
et personne ne pourra mourir,
semblable à un poème en devenir...

Oui, j'ai bu ton soleil Délos,
j'ai caressé la splendeur de ta nudité,
unique, jamais égalée,
l'essence de marbre de ton parfum perpétuel,
composé d'éther étoilé et de connaissance
cosmique, que toi seul as su recréer.

Oui, Apollon, tu le sais déjà,
à jamais je resterai prisonnière
de ton *corps-poésie,*
où tu écartes pour moi les voies de l'infini.

Par tes Arts
et ton Amour de l'Amour,
tu déchires l'univers avec la vigueur
de ton regard enflammé de désir.

Pourquoi les fleurs font-elles trembler le paysage ?

J'ai besoin de cette fleur brûlante,
de ce soleil qui gît au-dedans de mon esprit.
Je prends la barque de l'origine,
et les papillons de douleur
dansent comme des flèches,
dans ma chambre d'éternité
et d'azur aquatique où s'altère l'obscurité,
bien qu'enrobée par une musique nocturne,
pareil à une symphonie fantastique.

J'avais une fleur antique qui brûlait
à l'intérieur de mon corps.
Fleur éphémère, sous un lit de sable
et de pierre.
Je sens maintenant mon âme s'anéantir,
s'étioler avec le tissage du temps.

Je suis la nuit sans aurore,
le parfum seul du lys caressé
par l'étoile d'*Astéria* !

Pourquoi les fleurs font-elles
trembler ce paysage ?

D'où surgit soudain ce cadran géant
dont les heures battantes
me poussent doucement
vers la porte des limites ?

Du parfum inégalable d'Astéria ?

Je veux habiter la beauté des choses

Qu'est-ce que la beauté en dehors des murs
des musées, des symphonies musicales,
ou loin de la voix si singulière,
si lumineuse, de Maria Callas ?

Que cherchons-nous dans la beauté ?

L'éphémère d'un jour, celui d'une rose matinale
qui parfume la demeure, et se fanera demain ?
Une beauté provisoire ?
Non !
Je la veux Éternelle, au-delà même si possible,
là où les anges prennent forme !...

Penché sur son bastingage, Ulysse,
après des années d'absence et de privations,
voyait à présent son île flottant sur une mer

si bleue, que lui seul avait su peindre
dans ses songes.

Je passe ma main sur l'extase du soleil,
j'ajuste la robe de la « Brodeuse de Vermeer »
et il me semble alors traverser le mystère,
saisir le parfum d'un champ de marguerites
où un enfant peut courir, sans avoir peur,
sur une valse de Mozart,
un clair de lune printanier,
pour ne voir que la beauté,
effacer le tumulte et l'angoisse,
et vivre simplement l'harmonie du temps...

Dites-moi que tout cela est encore possible,
vous, anges de beauté !
Comme le clamait « Baudelaire »
j'ai une soif immense d'infini...

Je veux contempler Venise,
sur les flots de la Seine, émerveillée,
où la magie de la pierre et l'eau
se confondent, loin des terreurs,
dans la beauté de l'esprit qui est en nous.

Créons des vers colorés
comme l'on crée la lumière
ou la beauté de la Vénus de Milo,
avec ce foulard blanc caressé par le vent,
sous un ciel paradisiaque,
allons la chercher ensemble,
courir sur les sommets du Temps,
pour ne saisir que l'essence pure de Vénus,
dans sa magnificence dénudée !

Le soleil s'est drapé d'une toile rouge…

Une heure est passée, peut-être deux,
ou bien encore des années…
Dans l'immensité de la vie un gouffre s'ouvre
soudain, sur l'infini.
Le matin arrive, chargé d'encre noire,
issu des profondeurs.
Un cri déchire le ciel, des milliers de cris !

Que reste-t-il ?
Du sang ocre vermeil recouvrant le sol,
ce n'est rien, non, ce n'est rien !
Rien n'est arrivé,
nous avons dû simplement rêver…

L'Ange de l'innocence s'est à jamais endormi,
semblable à une étoile bleue ou même
à l'éternité.

Le soleil noir s'est drapé
d'une toile rouge.

Trois heures sonnent.

Soudain le vent éteint
la chaleur de l'été,
une soif irréelle,
fraternelle,
me pousse vers Toi.

Comme je voudrais encore
boire à ta source,
respirer ton âme,
prendre ta lumière,
étendue sur la route,
même ensanglantée,
même morcelée…

Mais une larme coule,
inonde mon désir,
une larme coule,
inonde le globe,

une larme coule
engendre l'Amour,
j'avale ton soupir…

Un cri de poésie,
déchire le voile du Temps.

Surtout plus de Pivoines

Non, ne me demandez Rien,
surtout pas de Pivoines !
Je suis dans l'illusion d'une vie
que moi seule a su créer.
Elle flotte dans mon songe
qui ne connaîtra jamais l'aurore.

Non, ne me demandez Rien,
surtout pas de Pivoines !

Mes doigts ont cessé d'atteindre
les blessures de leur feu.
Mes mains sont défaites,
éparpillées sur un champ où avant,
dans mon rêve d'exister,
jaillissaient les Pivoines,
égorgées sous un soleil bleu.

Non, ne me demandez Rien,
surtout plus de Pivoines !

Leurs couleurs tremblent encore de lumière.
En elles mon âme descend, lentement.

Je suis le futur enfermé dans un ventre,
comme descendue d'un trône,
entourée par des étangs de solitude,
dans ce lieu ancestral où les Pivoines
s'ouvraient, en douleur,
brisées par la mémoire aliénée.

Non, ne me demandez plus Rien,
surtout plus de Pivoines !
Silence !
M'entends-tu ? Silence !

En elles mon âme descend,
descend... doucement, jusqu'à l'infini.
Légère...

À l'aube des mûres sauvages

Je suis le corps de la rivière
sculpté par le granit et le feu.
Les montagnes s'ouvrent devant moi,
vers l'Ailleurs.

Blessée, je me plonge dans le cœur obscur
de la nuit.
Le vent me brutalise.
Mes doigts liquides s'attachent
aux racines douloureuses des platanes.
Et la vie passe lentement, en cascade,
sur les pentes hivernales.

Car je suis la rivière qui coule
entre les ronces et les rochers.
Autour de moi les enfants de l'été
cueillent des mûres sauvages.

Ils me sourient,
me tendent leurs mains pleines de fruits,
des coupes érigées, délivrées de toute épine.

Je sens la pureté de leur chair pénétrer
mon corps, pétri avec de l'eau,
du feu et du granit.
Ils me délivrent le secret de ce héros couronné
qui vit en moi, et l'Éternité me sourit.

Nous resterons enchaînés au même destin,
regardant devant nous vers un Ailleurs,
jusqu'à atteindre ce lieu où l'océan viendra
brûler nos yeux…

L'Éternité nous sourit.
Nous devons atteindre la source idyllique,
l'aube si antique du berceau des dieux.

Boire avec amour l'élixir du fleuve Léthé

Des vents contraires viennent
cogner l'étendue de mon corps,
déjà si fragilisé,
comme une brume épaisse
ils meurtrissent mon âme.
Le Borée semble vouloir
dilacérer mon front,
solidifier mes mains,
rigidifier mes pieds.
Je sens que je deviens statue,
incapable d'avancer,
comme plongée dans les plaines polaires.

Il glace le cœur des pivoines bleues,
les pétales, les roses trémières
et les nénuphars nocturnes
de mon jardin intérieur…

Soudain, comme par enchantement,
il se calme, haletant,
épuisé lui aussi de tant de forces opposées.

Il laisse alors le Zéphyr s'approcher,
un vent de l'ouest, plus doux,
plus affectueux,
qui murmure à mes oreilles
des mots enfantés dans le sein du secret.

Une caresse qui aime les fleurs,
les marguerites bleutées,
les nénuphars fragiles,
les pétales frémissants des roses.

Il semble porter dans sa brise agréable
des notes d'une musique parfaite,
issues d'un ventre énigmatique
d'une symphonie inachevée...

Puis il y a les autres,
tous différents, tous contraires,
affamés, qui font devenir mon corps
un champ de bataille...

Ceux-là hurlent jusqu'aux confins de l'univers,
me sidèrent, me terrorisent !

Les vents ne se ressemblent pas,
ils sont antinomiques,
ils se déchirent, nous déchirent,
nous anéantissent aussi de l'intérieur,
ils s'affrontent à l'infini
comme des vagues en furie,
des gouffres abyssaux.

Et mon âme est épuisée de lutter,
de vivre au milieu de ces vents contraires.
Elle veut s'en aller boire les eaux veloutées
et apaisantes du fleuve Léthé,
oublier cette existence errante dans les plis
des torrents, s'enivrer du Léthé,
jusqu'à se fondre dans le néant...

Et puis tout oublier, le Borée,
le Zéphyr et ses frères,
garder simplement en mémoire
quelques notes musicales,
transcendantes et roses métalliques,

de cette symphonie à jamais inachevée,
se laisser glisser lentement
dans l'élixir du fleuve Léthé.

Oui, les vents contraires m'ont sacrifiée,
les bras en croix, déchirés,
tiraillés dans une nuit qui se revêt
d'un noir parfait.

Et mon âme m'a quittée,
elle est partie, sereine et soulagée,
en buvant les eaux douces et sucrées
du fleuve de l'oubli,
de l'éternel Léthé.

Je songe à cette autre éternité

Je regarde la mer, comme un appel,
un cri hors du temps, hallucinant,
embrasant ta totalité de l'horizon.
Elle est agitée ce soir, écumeuse, bleu-noir,
gris-mauve, cascade d'émeraude,
déchirée par la passion qui s'écrase,
désespérée, sur le sable noyé d'écume.

Impossible de le pénétrer,
même la ville devient incertaine,
à peine visible,
seuls quelques lueurs de voiliers
se détachent du port.
Une île aussi, je crois,
en plein cœur des Cyclades, où même les dieux
semblent avoir été oubliés.

Je songe à cette autre éternité,
à l'écriture sur les vagues, celles qui peuvent
transporter le poids de la nostalgie,
sur leur corps aquatique.

Ce sont dans ces espaces d'absence
que l'encre a le pouvoir de s'engouffrer.

On peut écrire sur tout, sur la vie,
le désert et ses tempêtes,
sur le corps mort du monde,
et surtout sur le corps mort de l'amour,
opalin et désespéré,
dans l'urgence du temps,
là où les mots sont interdits.

Alors, je suis revenue
sur cette nuit rougeâtre dorée,
encerclée,
emmurée dans mon silence,
tel un fantôme errant
une déesse en quête de son nom,
qui recherche une porte de secours à sa folie.

J'attends là, l'indéchiffrable, l'indécomposable :
les mouvements de la mer ?
Les forces du vent ?
L'illusion de l'amour ?
L'angoisse ?
Le spleen baudelairien ?

Les brises de mai se font de plus en plus
herculéennes !
Elles frappent la mer qui est devenue incolore,
chaotique, sous les forces des vents contraires,
criant à la folie dans le désir inassouvi
de notre déraison.

Et je marche sur un chemin désertique,
déjà perdue dans le *Moonlight* de Beethoven,
jusqu'à l'annonce de l'Aube,
effarée, haletante,
le long du sable agonisant
sur la nudité de la plage blessée…

Quelques mots de Kiev...

Si loin de la frontière...

Elle était assise à côté de sa mère,
sous les feux assourdissants.
Elle attendait....

Je ne pouvais pas détacher mes yeux
de cette petite fille,
vêtue d'une robe colorée,
un peu froissée.
Ses cheveux en bataille
formaient une tache blonde,
un éclat sous les cendres.

Je restais là, la dévorant des yeux,
dans ce ravissement endolori,
sans pouvoir la protéger
sous mon regard.

Je plongeai dans son être,
je n'avais jamais vu des yeux si grands,
si tristes, si étrangement bleus,
une vague d'outre-mer,
mêlée à de l'ardoise délavée,
une couleur indicible,
une fusion d'encre jaillissant
de la mer Noire.

Elle ne regardait rien,
absorbée par une sorte de vide,
une expression de peur,
de douceur martyrisée.
Une vision unique,
venant du plus profond des temps,
chargée de souffrance
et d'un espoir si intense qu'ils traversaient
la poussière et les cendres.

Elle ne pouvait pas le savoir,
mais elle avait plongé à l'intérieur
de mon âme...

Elle attendait...

Oui, elle attendait,
sans savoir ce qu'elle attendait,
où aller, et comment trouver un chemin
pour fuir ce cauchemar...

Mais elle attendait,
avec toute l'étendue de la mer dans ses yeux.

Et tout autour d'elle des cris,
des hurlements,
des larmes,
un indicible chaos grondait,
et mes yeux, à distance,
restaient plongés dans la frayeur des siens...

Elle était encore si loin de la frontière...

C'était hier, je crois, à Rotterdam

C'était hier, je crois,
dans les jardins de Rotterdam où les tulipes
recouvraient le sol, où l'air marin, mélangé
à l'odeur du sel et de l'iode, parsemaient
mon corps, comme une phrase poétique,
quelques mots désespérés qui m'arrivaient
brusquement de Kiev, des balbutiements
presque inaudibles, étouffés, brisés par l'enfer
des bombes, par les vagues en bataille
de la Mer Noire.

Je dois être folle, criais-je !
J'ai fermé les yeux,
retranchée dans une présence absence,
loin des tumultes et des tombes
loin des rumeurs et des cris de sirènes,
au-delà des horreurs de la guerre…

J'ai rêvé que tout cela n'était
qu'un cauchemar...
Rêvé que le sourire d'un enfant
venait caresser mon visage,
immobile devant les effluves immortels
du parfum incomparable
des tulipes de Rotterdam.

Et dans ces temps d'incertitude,
entre le réel et le rêve,
j'ai souri à cet enfant,
enivrée par ces parfums exotiques.
J'ai vu un ciel rouge, bleu, noir,
qui déversait sur la terre des cendres,
du feu et des larmes de cristal.

Et dans cette impression de désolation,
mon cerveau a éclaté, s'est fracassé,
je n'entendais qu'une voix
qui résonnait dans l'univers :
« Toutes les larmes vous seront comptées ! »

Puis mon corps en lambeaux,
emporté par les vents marins,

s'est recouvert d'une odeur de mort,
qui est venu enlacer toutes les tulipes
des jardins de Rotterdam...

C'est arrivé hier, je pense,
à Rotterdam...

Les Violettes étaient rouges

Les Violettes étaient rouges
ce soir-là, tachées par la neige
des lunes écarlates de Satan.
J'avance comme dans un horrible cauchemar,
entre des corps,
des centaines de cadavres,
innombrables,
dilacérés,
ensanglantés sous une pluie torrentielle,
décapités, torturés,
en plein champs de violettes.

Soudain, la Nausée,
mêlée à de la terre ensanglantée,
jaillit de plus en plus fort
dans ma gorge mourante.

Je n'arrive plus à plus respirer
dans ma poitrine entrouverte,
en plein milieu de cette ritournelle
de la barbarie,
de tous ces sacrilèges,
de ces fantômes restant à peine debout,
semblables à des êtres issus
du royaume des ombres,
aux orbites vides, sans regards,
de ces personnes affamées,
ces enfants, ces vieillards,
morts avant la mort,
tout comme moi.

Quels sont ces démons au visage humain,
qui manipulent ces ficelles ?
Ont-ils encore quelque lueur humaine ?
« Tout est sacrilège !... » crie une voix qui s'est
élevée du ventre de la Terre.

Je vomis de plus en plus fort
des glaires plus rougeâtres,
qui dégoulinent sur mon ventre entrouvert,
saignant sur les violettes,

sur les coquelicots de la terre des blés
et des épis.

Le vent glacial tournoie de plus en plus
sur cette terre ensanglantée,
l'air s'est empli de feu,
de frayeur et de fumée,
et je tombe alors sur le sol, calciné.

Je compris soudain que j'étais mort,
et la terre, même nauséabonde,
froide et enneigée, me sembla douce
comme un ventre maternel.
À présent je ne suis plus qu'un corps
gisant, mort, recouvert de boue,
dans l'indifférence et cette morbide puanteur !

Au milieu toute cette désolation,
je crois malgré tout avoir senti la présence
de l'ange de la Consolation,
venir prendre tendrement ma main.

BIOGRAPHIE

Née au nord du Portugal, dans la région du Tras-Os-Montes, qui servit de cadre à son premier roman, Alice Machado vit en France depuis plusieurs années.

Elle a poursuivi ses études à l'Université de Paris VIII, où elle a obtenu une îtrise, l'une en Art et Civilisation latino-américaines, et l'autre en Lettres Modernes avec pour thème de recherche : « *Les Figures féminines dans l'œuvre de Gérard de Nerval* ». Elle y a également suivi des études de philosophie, notamment avec Gilles Deleuze.

Fille des deux pays, comme elle se définit elle-même, Alice Machado écrit directement en français, mais elle prend une part active dans la traduction de ses ouvrages en portugais.

En tant qu'écrivain, elle a représenté la diaspora portugaise d'Europe, lors d'un événement culturel majeur, « Les Ponts Lusophones », présidé par le ministre des Affaires Étrangères portugais, qui s'est tenu au Mozambique, dans la capitale Maputo, avec la présence de José Saramago, Prix Nobel de Littérature.

Elle a fait également partie de la délégation des écrivains portugais, invités d'honneur de la vingtième édition du Salon du livre de Paris et participe, tout au long de l'année, à de nombreux salons, notamment en Europe, à Genève, Berlin, Bruxelles, ou en France, à Bordeaux, Toulon, Dijon, Metz, Montaigü, Lyon, Montpellier, Marseille, Rennes, Saint-Étienne, Aix en Provence, Nantes, mais aussi à l'étranger, au Brésil, dans les villes de Permanbuco, Olinda, Saõ Paulo, en Angola, au Cap Vert...

Elle est la première femme à avoir reçu la médaille d'honneur du Parlement portugais en reconnaissance de son travail de création littéraire, et l'un de ses poèmes « *Les géants ne meurent pas* » figure dans l'Anthologie Parlementaire de poésies françaises, publiée par l'Assemblée Nationale.

L'auteur est invitée régulièrement à des rencontres poétiques, organisées notamment par l'*Institut Suédois*, l'*Institut Néerlandais*, la *Maison de l'Amérique Latine*, l'*Institut Roumain*, l'*Institut Goethe*, la *Mairie de Paris* pour des événements poétiques et littéraires ou la *Fondation Calouste Gulbenkian*.

C'est ainsi qu'elle s'est retrouvée conviée aux « Estivales de Poésies », et au Festival par « Monts et par Mots », organisés par la *Villa Mont-Noir*, Maison de Marguerite Yourcenar et le Conseil Général du Nord, avec entre autres François Cheng et Jacques Darras.

Elle a fait partie de la délégation officielle qui représentait le Portugal, à l'invitation de la ville de Bruges, capitale européenne de la culture en 2003, dans le cadre du *Festival International de poésie et de littérature*.

En 2004, à Lille, Capitale européenne de la culture, elle était également dans la délégation officielle invitée par la ville pour le *Festival International de poésie*.
En 2005, à Paris, elle a participé à un Colloque organisé par le Sénat : « *Le printemps de la diversité en France, premiers états généraux de la diversité* », placé sous le Haut patronage du Ministère de la Culture et de la Communication.

Aujourd'hui, avec le soutien du Ministère de l'Éducation, elle est contactée régulièrement pour des lectures à la Sorbonne et à la Bibliothèque Nationale de France (BNF).

En mars 2018, au Portugal, elle a été invitée à un colloque sur le thème de *la culture comme lien social et de découverte de l'autre*, qui l'a conduit dans différents pays lusophones pour des rencontres et des échanges multiculturels.

En novembre 2018, à Strasbourg, à l'invitation du Conseil de l'Europe, elle a participé au *Forum mondial de la démocratie*, comme représentante du Portugal.

À Póvoa de Varzim, en 2022, elle a participé aux « *Correntes Poéticas* », qui ont rassemblé des écrivains, des poètes, des acteurs, venus du monde entier pour échanger, débattre, autour de questions sur la culture et le monde d'aujourd'hui.

DU MÊME AUTEUR

- Éditions Lanore

— Romans

La couleur de l'absence, Paris.
La vallée des héros, 2e édition, Paris, 2006.
Médaille d'Honneur du Parlement Portugais.
- Ces deux romans ont été publiés en portugais chez Europa-América.

Les silences de Porto Santo, Paris.
(Élu par le magazine ELLE)

— Poésies

Éclats, 3e édition, Paris, 2000/2002/2009.
L'agitation des rêves, 2e édition, Paris, 2002/2011.
- Ces recueils de poésie ont été publiés en portugais chez Campo das Letras, 2016.
- 2e édition chez Calendario de Letras, Porto, 2016, 2019.

Les songes de Rafael, Paris, 2012.
- Traduit en italien par les Éditions Polymata, Rome, 2012.
- Traduit en portugais par les Éditions Omega, 2014.

Un héros vivant sous le regard des Dieux, Paris, 2017.

Regards voilés / Sguardi velati, collection « Les poètes intuitistes / I poeti intuitisti », Edizioni Universitarie Romane, Rome, 2019. (Édition bilingue)

— **Essais**

Figures féminines dans le Voyage en Orient de Gérard de Nerval, Paris, 2007.
Charles Baudelaire, entre Aube et Crépuscule, Paris, 2011.

Introduction à la nouvelle édition de *La Relique*, d'Eça de Queiroz, Paris.

● La Toile du Temps
À l'ombre des montagnes oubliées, Paris, 2020.
Et l'amour a tout emporté…, Paris, 2021.

— **Jeunesse**

● Didier Jeunesse, ouvrage collectif
Traduction et interprétation des *Comptines et chansons du Papagaio*, Paris, 2003.

— Anthologies

- Éditions Hermann Lettres

Anthologie de la poésie érotique française, du moyen âge à nos jours, 2010.

- Alain Baudry et Cie, Paris, 2014.

Les trains rêvent au fond des gares.

- Éditions Unicité

Éloge et défense de la langue française, Paris, 2016.
L'homme aux ailes bleues, Paris, 2022.

- Portugal Mag

Anthologie de la poésie lusophone, Lisboa, 2018/2019/2020/2021.

Assemblée Nationale

Anthologie Parlementaire de Poésies, Assemblée Nationale, Paris, 1999.

Les Ponts Lusophones

Anthologie : les Ponts Lusophones, Maputo, Mozambique, 2000.

Suisse

Anthologie du salon de livre de Genève, 2000.
(Le Portugal invité d'honneur.)

Lille

Lille, Capital européenne de la Culture, *Anthologie de poésies*, 2004.

Belgique

Bruges, Capitale européenne de la Culture, *Anthologie de poésies*, 2002.
Poètes d'Orfée, florilège de poésie, Bruxelles, 2011.

● Éditions Chiado
Entre o sono e o sonho, Lisboa, 2019.
Três quartos de um amor, Lisboa, 2020.
Almar de mar, Lisboa, 2022.

TABLE DES MATIÈRES

Les aurores boréales 7
Encerclée dans un Temps à l'envers 11
L'eau a une histoire que je ne connais pas 17
Dans le silence si particulier de Cala Mayor ...19
Allons retrouver Salus 21
Lève-toi être des souterrains !..................23
Rentrer dans l'Heure Athonite....................25
À la recherche des fleurs d'Artémis 31
Étrangère, dans la cartographie de noms.......33
Non !... 37
Je songe à toi Hypnos 39
Un ciel de Gréco 41
Les mimosas étaient en fleur 45
Mon Double, la Solitude.........................49
Le ciel est jaune, les étoiles sont bleues ! 53
L'usure du Temps 55
J'ai bu ton soleil à Délos 59
Pourquoi les fleurs font-elles trembler
le paysage ?......................................63
Je veux habiter la beauté des choses 65

Le soleil s'est drapé d'une toile rouge... 69
Surtout plus de Pivoines 73
À l'aube des mûres sauvages 75
Boire avec amour l'élixir du fleuve Léthé........77
Je songe à cette autre éternité 81

Quelques mots de Kiev

Si loin de la frontière... 87
C'était hier, je crois, à Rotterdam 91
Les Violettes étaient rouges 95

BIOGRAPHIE 99
DU MÊME AUTEUR...103